BAND 312

Club
Taschenbuch

FÜR USCHI

Die österreichische Kinderbibliothek

Pädagogische Arbeitsblätter zu diesem Titel downloadbar auf

www.obelisk-verlag.at

Renate Welsh

Schnirkel Schneckenkind

Tiergeschichten

Mit Bildern
von Chris Welsh

OBELISK VERLAG

Redaktion der Club-Taschenbuchreihe:
Inge Auböck

Umschlaggestaltung: Carola Holland

Gesetzt nach den Regeln der neuen deutschen Rechtschreibung

© 2017 Taschenbuchausgabe (gekürzt)
by Obelisk Verlag, Innsbruck – Wien
© 2003 Taschenbuchausgabe by Obelisk Verlag, Innsbruck – Wien

Erstmals erschienen im Jungbrunnen Verlag, Wien 1986

Druck und Bindung: Finidr, s.r.o., Český Těšín, Tschechien

ISBN 978-3-85197-854-4

Inhalt

Hallo Einfuß! Hallo, Vielfuß!

Schnirkel war ein sehr kleines Schnecken-
kind, noch nicht einmal so groß wie dein
Kleinerfinger-Nagel, und war ziemlich spät
im Sommer aus dem Ei geschlüpft.

„Du bist zu spät gekommen", sagten die größeren Schneckenkinder. „Sonst hättest du mit uns von den roten, süßen Früchten essen können. In dem Beet dort drüben gab es die. Das waren noch Zeiten!"

Und die Schneckenonkeltanten und die Schneckentantenonkel sagten: „Ein Schneck, der die roten, süßen Früchte nicht kennt, weiß nicht, wie gut das Leben schmecken kann."

Einmal fand Schnirkel auf dem Kiesweg etwas Rundes, Rotes. Aber als es hinein-beißen wollte, schmeckte das Ding gar nicht süß. Das Ding schmeckte nach gar nichts, und Schnirkels Mund tat weh.

Seither glaubte Schnirkel nicht mehr an das Märchen von den roten, süßen Früchten.

An einem herrlich regnerischen September-tag betrachtete Schnirkel voll Begeisterung

die schimmernde Schleimspur, die es über einen großen Stein gelegt hatte.

Da sagte jemand: „Hallo, Einfuß! Bist du aber langsam."

„Hallo, Vielfuß!", antwortete Schnirkel. „Ich bin überhaupt nicht langsam. Ich bin der schnellste Schneck im ganzen Garten, obwohl ich der Kleinste bin."

Das Tier wackelte mit seinen vielen Beinen.

„Ich bin nicht nur ein Vielfuß, ich bin ein Tausendfüßler. Wollen wir um die Wette rennen? Von hier bis zur Treppe?"

Schnirkel nickte.

Der Tausendfüßler sauste los.

Schnirkel sauste ebenfalls los, nur sausen Schnecken eben langsamer.

Dafür blieb hinter Schnirkel eine Spur, die glitzerte wie ein Regenbogen. Hinter dem Tausendfüßler blieb gar nichts.

Der Tausendfüßler kam zurückgerannt, umkreiste Schnirkel und schrie: „Hoppauf! Hoppauf! Was bist du langsam!"

Schnirkel sagte gar nichts, weil er ganz
außer Atem war.

An der Treppe stand eine Schneckenonkeltante, die wackelte vor Entsetzen mit den
Fühlern und schimpfte:

„Man rennt nicht so, Schnirkel! Ein
anständiger Schneck tut so etwas nicht!"

Der Tausenfüßler kicherte, aber nur leise, hinter vorgehaltenen Füßen, weil die Schneckenonkeltante eine besonders große Weinbergschnecke war und den Mund bewegte, als hätte sie Appetit auf Tausend- füßler.

„Wenn du so rennst", schimpfte die Schneckenonkeltante weiter, „verlierst du noch dein Haus. Wie stehen wir dann da? Als hätten wir ein Kind ohne Haus in die Welt geschickt. So etwas hat es in unserer Familie noch nie gegeben."

Schnirkel zog sich in sein Haus zurück und hörte nichts mehr.

Plötzlich kollerte das Schneckenhaus mit Schnirkel drin die Treppe hinunter.

Alle fünf Stufen.

Der Tausendfüßler erschrak.

Er rannte neben der Treppe über die

Böschung, so schnell er nur konnte.

Als er unten ankam, steckte Schnirkel eben den Kopf aus seinem Schneckenhaus.

„Hast du das gesehen?", rief Schnirkel. „Ich kann einen Purzelbaum! Und ich war schneller unten als du!"

„Das gilt nicht", sagte der Tausendfüßler.

„Doch", sagte Schnirkel. „Wetten, du kannst keinen Purzelbaum?"

„Können schon", behauptete der Tausendfüßler. „Aber dabei kommen mir meine
tausend Füße durcheinander. Es ist mir viel
zu fad, sie hinterher zu ordnen. Darum
mache ich so etwas nicht!"

Tausend Füße war übertrieben.

In Wirklichkeit hatte er nur einhundert-
sechsundachtzig Füße, aber das ist ja auch
eine ganze Menge.

Schnirkel und der Tausendfüßler wurden
Freunde.

Zwar sagten alle Schneckenonkeltanten:
„Mit Tausendfüßlern spielt man nicht.

Es gehört sich nicht, so viele Füße zu haben.
Das ist unfein."

Schnirkel kümmerte sich nicht darum.

Die Tausendfüßlerverwandten sagten:

„Mit Einfüßlern spielt man nicht. Es gehört
sich nicht, überall glitschige Spuren zu
hinterlassen. Das ist unfein."

Darum kümmerte sich der Tausendfüßler
ebenso wenig.

„Ich möchte dich gern einmal in deinem
Haus besuchen", sagte er eines Tages.

Schnirkel machte sich so dünn wie möglich,
aber es war trotzdem kein Platz im Schneckenhaus für einen Tausendfüßler.

„Wozu hat man ein Haus, wenn man
keinen einladen kann?", fragte der Tausendfüßler.

Schnirkel wusste keine Antwort. Er war ein
bisschen enttäuscht.

Eine Schneckenonkeltante nach der anderen schloss ihr Haus ab.

„Schnirkel", sagten sie, „beeil dich. Alle Schneckenkinder schlafen längst. Du bist schon wieder der Letzte."

Schnirkel wartete noch einen Tag und noch einen Tag.

Schließlich wurde es ihm wirklich zu kalt, und dem Tausendfüßler auch.

Der Tausendfüßler fand einen schönen, hohen, warmen Blätterhaufen. Er verkroch sich darin.

Schnirkel zog sich in sein Haus zurück.

„Auf Wiedersehen im Frühling!", sagte er und machte den Winterdeckel zu.

Der Schnullerfisch

Der Teich im Stadtpark war klein, aber wunderbar.

Es gab einen Springbrunnen darin, der plätscherte Tag und Nacht, Winter und Sommer. Der kleine Goldfisch konnte sich von den Wellen und Sprudeln tragen lassen. Das war wie Ringelspielfahren.

Es gab Seerosen, an deren Stängeln der kleine Goldfisch schaukeln konnte. Unter den Seerosenblättern konnte er sich verstecken. Und es gab immer genug zu essen.

Fast alle Kinder, die auf den Spielplatz kamen, brachten Futter für die Goldfische mit und freuten sich, wenn der kleine Gold-fisch auftauchte und mit seinem runden Maul nach einem Bissen schnappte.

Der kleine Goldfisch freute sich, dass die Kinder lachten und in die Hände klatschten. Außerdem schmeckte ihm das Futter.

Mit der Zeit wurde der kleine Goldfisch immer dicker und dicker, bis er schließlich ein richtiger Goldkugelfisch war.

Das störte ihn erst, als er zwischen den Seerosenstängeln stecken blieb und acht Goldfische anschieben mussten, um ihn herauszuholen. Seine Schuppen brannten noch tagelang. Er beschloss, weniger zu essen.

Aber das war nicht so einfach.

Kaum flog ein Krümel ins Wasser, öffnete sich das Goldgugelfischmaul und der Bissen war geschluckt, noch bevor das Goldkugelfischmaul „nein!" denken konnte.

„Du musst nur wollen", sagten die anderen Goldfische.

„Wollen will ich ja", sagte der Goldkugelfisch. „Es ist nur mein Maul, das nicht will."

„Wir binden dir das Maul mit Algen zu",
schlugen die anderen Goldfische vor.

Der Goldkugelfisch hielt ganz still, doch
als der nächste Brocken ins Wasser fiel,
öffnete sich das Goldkugelfischmaul und
die Algen zerrissen.

„Wir passen auf und rufen ‚Nein!', sobald
etwas Essbares in den Teich fällt", sagten die
anderen Goldfische.

Doch so schnell sie auch riefen, das Goldkugelfischmaul war schneller.

Beim Versteckenspielen mit den anderen
Goldfischen wurde der Goldkugelfisch
immer als Erster gefunden, weil sein
kugelrunder Bauch überall hervorragte.

Der Goldkugelfisch traute sich auch nicht
mehr, zwischen den Seerosenstängeln durch-

zuschwimmen. Er hatte Angst davor, wieder stecken zu bleiben.

Es fiel ihm immer schwerer, hinter den anderen herzuflitzen. Er konnte sich nur noch im Wasser treiben lassen und ein bisschen mit den Flossen wedeln.

„Gib Acht, du platzt noch!", sagte eine freche Mücke und tanzte ihm vor der Nase herum. „Das gibt einen Knall!"

Ein paar Goldfische lachten und kicherten, dass der ganze Teich voll von perlenden Luftblasen wurde.

Der Goldkugelfisch bemühte sich noch mehr, nicht immer gleich zuzuschnappen. Aber es gelang ihm nicht.

Im Gegenteil. Weil ihm jetzt oft langweilig war, fraß er noch mehr als früher.

Eines Tages fiel wieder etwas ins Wasser. Wieder schloss sich das Goldfischmaul um

den Brocken, bevor das Goldkugelfischhirn „Nein" denken konnte.

Dann aber stutzte der Goldkugelfisch.

Das, was da in seinem Maul war, ließ sich nicht schlucken. Das fühlte sich ganz seltsam an, rund, weich, aber doch fest.

Während der Goldkugelfisch sich noch wunderte, begann das Goldkugelfischmaul ganz von alleine zu nuckeln.

Das, was da ins Wasser gefallen war, war ein Schnuller. Ein Mädchen hatte ihn rein-

geworfen. Sie war gerade vier Jahre alt
geworden und meinte, sie brauche jetzt
keinen Schnuller mehr.

„Ich schenk ihn den Goldfischen", hatte sie
gesagt. „Die sind ja noch klein."

Der Goldkugelfisch nuckelte vor sich hin.
Es war angenehm, so nuckelnd durchs
Wasser zu treiben und hin und wieder mit
den Flossen zu wedeln.

Die Kinder streuten weiter Futter ins
Wasser.

Die anderen Goldfische schnappten
danach, aber jetzt fiel eine ganze Menge bis
auf den Grund des Teiches. Der Goldkugelfisch ließ es an sich vorbeischweben, er
kümmerte sich nicht einmal darum, wenn
ihm ein Brocken auf den Kopf fiel.

Inzwischen kann er wieder zwischen den
Seerosenstängeln durchschwimmen.

Er kann wieder flitzen, und beim Versteckenspielen wird er nicht öfter als Erster gefunden als die anderen Goldfische.

Aber seinen Schnuller, den hat er immer noch im Maul.

Der kleine Affe und der Oberpapa

Der kleine Affe lebte ein fröhliches Affenleben.

Er spielte mit den anderen Affenkindern Fangen und Läuslein-Suchen und Bock-springen.

Wenn er müde war, dann klammerte er sich am dicken Fell seiner Mutter fest und ließ sich von ihr herumtragen.

Wenn er Hunger hatte, bekam er Bananen und Kokosnüsse.

Aber die schönsten Bananen und die milchigsten Kokosnüsse bekam immer der Oberpapa, und das ärgerte den Kleinen.

Dass der Oberpapa auch die fettesten Käfer bekam, störte den kleinen Affen nicht. Er mochte ohnehin keine Käfer fressen.

„Zeit zum Schlafengehen!", riefen alle Mütter.

„Ich hab noch Hunger", sagte der kleine Affe. „Ich will eine von den Bananen dort drüben."

„Die sind für den Oberpapa zum Frühstück",
sagte die Mutter.

„Immer der Oberpapa!", murrte der
Kleine.

„Er beschützt uns und zeigt uns die besten
Bäume zum Schlafen", sagte die Mutter.
„Und du hast heute schon genug gefressen.
Schau nur, wie dick dein kleiner Bauch ist."

Sie nahm den Kleinen huckepack und
sprang mit ihm zum großen Affenbrotbaum.
Dort wollte die Herde heute übernachten.

Die Mütter schleppten Zweige heran und
klemmten sie zwischen die Äste. Dann warfen
sie große Blätter darauf und schubsten die
Kinder in die Betten.

Der Oberpapa kletterte auf den höchsten
Wipfel und sah sich um, ob nirgends Gefahr
drohte.

Die Mütter schwatzten noch eine Weile.

„Ich will nicht schlafen", dachte der kleine Affe. „Ich will eine Banane haben."

Als seine Mutter neben ihm schnarchte, zwängte er sich unter ihrem Arm durch und kletterte den Stamm hinunter.

„Ich geh mir eine holen", dachte er. „Ich weiß genau, wo die Bananenstaude ist."

Er sprang in großen Sätzen durch das trockene Gras hinüber zum Wald.

Unter den Bäumen war es finster.

Alles sah fremd aus.

Es knisterte und knarrte, es raschelte und rauschte.

Plötzlich leuchteten zwei helle Punkte auf.

Gleich darauf hörte der kleine Affe auch noch ein hässliches Lachen.

Die Hyänen!, dachte er. Die Hyänen lachen mich aus. Und dann werden sie mich fressen. Hyänen mögen kleine Affen so gern, wie ich Bananen mag.

Er konnte nicht weglaufen.

Er konnte nicht schreien.

Er konnte nur noch zittern.

Da spürte er, wie ihn jemand hochhob.

„Was treibst du denn hier?", fragte eine
tiefe Stimme.

Die Stimme klang genau wie die vom
Oberpapa.

Die Stimme war die vom Oberpapa.

Der kleine Affe sagte zuerst gar nichts,

und dann sagte er: „Dort drüben, da sitzt
einer, der will mich fressen."

Der Oberpapa lachte.

„Das ist nur fauliges Holz", sagte er.

„Das leuchtet in der Nacht. Warum liegst du denn nicht im Bett und schläfst wie alle kleinen Affen?"

„Weil ich Hunger habe", sagte der kleine Affe.

Das stimmte auch.

Jetzt, wo die Angst weg und wieder Platz in seinem Bauch war, hatte er richtigen großen Hunger.

„Hast du denn kein Abendessen gehabt?"

„Doch. Aber nur zwei ganz kleine Schrumpel-Bananen. Weil die Mama sagt, die schönen großen Bananen sind für dich."

„Hm", machte der Oberpapa und dann: „Umpf."

Der Mond kam hinter den Wolken hervor. Der kleine Affe konnte wieder sehen, was ringsum war.

„Komm mit", sagte der Oberpapa und

führte den kleinen Affen zur Bananenstaude.

„Such dir eine aus. Aber versprich mir, dass du keiner Affenseele davon erzählst! Ich kann ja nicht jede Nacht schlimme Kinder aus dem Wald holen."

Der kleine Affe suchte sich die schönste, größte, reifste Banane aus.

Der Oberpapa suchte sich auch eine aus.

Dann saßen sie nebeneinander und ließen sich's schmecken.

Grüner Frosch mit rotem Po

Der grüne Frosch wohnte auf einer grünen Wiese in einem grünen Park. Am Rand der grünen Wiese gab es einen grünen Teich mit grünen Algen darin.

In dem grünen Teich schwamm eine grüne Ente.

Sie und der grüne Frosch waren Freunde.

Eines Tages hüpfte der grüne Frosch im Park spazieren.

Da sah er eine rote Bank. Auf der Bank hing ein Zettel:

Aber der Frosch konnte nicht lesen.
Er war nie in der Schule gewesen. Und
wenn er in der Froschschule gewesen wäre,
hätte er dort sicher andere Dinge gelernt.
Schwimmen zum Beispiel, hüpfen und
Fliegen fangen.

All das konnte er sowieso, und zwar ganz
ausgezeichnet.

Der Frosch setzte sich also auf die rote
Bank und ruhte sich aus.

Das Aufstehen fiel ihm schwer.

Wie festgeklebt vor Müdigkeit, dachte er.
Zeit, dass ich nach Hause komme.

Sobald ihn die Ente sah, quakte sie:
„Wie siehst du denn aus?"

„Wie soll ich denn aussehen?", quakte der
Frosch. „Wie immer."

„Hintenrum!", quakte die Ente. „Hintenrum!"

„Hintenrum kann ich mich nicht sehen",
quakte der Frosch ärgerlich.

„Stell dich zum Wasser!", quakte die Ente.
„Mit dem Rücken zum Wasser. Und dann
dreh den Kopf um und schau!"

Der Frosch stellte sich mit dem Rücken
zum Wasser, drehte den Kopf um und
schaute.

Die Ente schwamm nahe zu ihm hin.

„Weg da!", quakte der Frosch. „Du zerbrichst meinen Spiegel!"

Die Ente schwamm beleidigt davon.

Als der Frosch seinen roten Popo sah, erschrak er und fiel kopfüber ins Wasser.

Weil er ein Frosch war, machte ihm das nichts aus. Er schwamm herum, dachte nach und nibbelte dabei ein paar Algen.

Zuerst, dachte er, muss ich mich mit
meiner Freundin, der Ente, versöhnen. Und
zu zweit können wir gemeinsam nachdenken,
das ist besser als allein.

Er strampelte zu der Ente hin.

Sie war gleich wieder gut, denn sie hatte

den Frosch gern, und es tat ihr leid, dass sie weggeschwommen war. Sie steckte den Kopf ins Wasser, um zu sehen, ob der Frosch immer noch einen roten Popo hatte.

„Abgewaschen hast du es nicht!", quakte sie dann.

Der Frosch kratzte sich mit beiden langen Beinen am Popo, bis seine Froschhaut brannte und wehtat. Aber die Farbe ließ sich nicht abkratzen.

Er ließ den Kopf hängen.

„Ein grüner Frosch mit rotem Popo auf einer grünen Wiese oder in einem grünen Teich mit einer grünen Ente! Das passt doch nicht!", quakte er.

„Trink einen Schluck!", quakte die Ente. „Das wird dir gut tun."

„Alle werden mich auslachen!", quakte der Frosch. „Glaubst du, dass ich irgendwo eine

grüne Badehose bekommen könnte? Damit
es nicht so auffällt?"

„Ich weiß nicht, wo man Froschbadehosen
bekommt", quakte die Ente. „Aber wenn du
mir Stricknadeln besorgst, strick ich dir eine
aus grünen Algen."

Vor lauter Freude und Dankbarkeit hüpfte
der Frosch auf den Kopf der Ente und gab ihr
einen dicken Kuss.

Er schwamm zur Trauerweide und brach zwei Zweige ab.

Die Ente sammelte inzwischen grüne Algen.

Leider bogen sich die Trauerweidenzweige, und die Entenfüße waren zum Stricken ganz und gar nicht geeignet.

Traurig saßen der Frosch und die Ente am Ufer des grünen Teiches und wussten keinen Rat.

Eine große Brummfliege schwirrte dem Frosch direkt vor die Nase.

Er hob den Kopf.

Da sah er die Sonne blutrot hinter der Trauerweide untergehen.

„Guck!", quakte der Frosch.

„Guck!", quakte die Ente.

Sie schlug aufgeregt mit den Flügeln und sprang ins Wasser.

Sie schwamm dreimal im Kreis. Sie blickte noch einmal in die Sonne.

„Jetzt weiß ich, was du bist", quakte sie. „Du bist ein Sonnenfrosch! Ein Sonnenfrosch bist du!"

„Ich bin ein Sonnenfrosch!", quakte der Frosch. „Ein Sonnenfrosch bin ich!"

Die Ente war sehr stolz, dass ihr Freund ein Sonnenfrosch war.

Der Frosch war sehr stolz, dass er ein Sonnenfrosch war.

Und sie lebten glücklich im grünen Teich auf der grünen Wiese.

Krähenrodeln

„Krah, krah! Krah!", schrien die Krähen und landeten im Sturzflug auf dem Feld.

Gleich begannen sie in der feuchten schweren Erde nach Würmern und Larven zu suchen. Die spitzen Schnäbel peckten, die schwarzen Schwänze wippten auf und ab.

Nebel zog in dichten Schwaden über das Feld.

Dazu nieselte es. Eine Krähe erwischte einen besonders langen Wurm, der sich tief in die

schwarze Erde eingegraben hatte. Als sie ihn endlich herauszog, fiel sie hintüber.

Die Krähen hüpften hierhin und dorthin und freuten sich.

Es war ein herrlicher Tag.

Nur eine junge Krähe stand abseits.

„Kah! Kah!", krächzte sie leise.

Sie konnte kein R krächzen.

So sehr sie sich auch bemühte, es kam immer nur „Kah! Kah!" aus ihrem Schnabel.

„Du störst im Krähenchor", krächzten die anderen Krähen.

„Du kächzt", krächzte ein Krähenbruder.

„Du bist nur eine Kähe", krächzte die Krähenmutter, die wie alle Rabenmütter eine sehr gute Mutter war.

„Kah wird's schon lernen", krächzte der Krähenvater. „Komm, Kah, wir wollen üben."

Er krächzte Kah eine lange Reihe wunder-

schöner Krrrrahs vor, ein richtiges Krähen-
nebellied.

Kah strengte sich an, bis die Brust wehtat.

Aber was herauskam, war immer wieder
nur „Kah!"

„Halt wenigstens den Schnabel!", krächzten
die anderen Krähen.

Kah versuchte, den Schnabel zu halten.

Aber wenn sie einen Wurm aus der Erde
zog, wenn sie auf einem Acker landete, wenn
sie mit den anderen aufflog, dann öffnete
sich ihr Schnabel ganz von selbst.

Kah übte oft heimlich, in einer Ackerfurche
verborgen.

Sie flog weg vom Schwarm zu den alten
Bäumen hinter der Straße.

Wenn die Bäume im Wind knarrten,
knarrte Kah mit.

Hin und wieder gelang ihr dabei sogar

fast ein richtiges R, aber sobald sie es allein versuchte und erst recht, sobald ein anderer zuhörte, ging es wieder nicht.

Kurz vor Weihnachten fiel der erste Schnee im Jahr, der erste Schnee in Kahs Leben.

Die alten Krähen hatten vom Schnee erzählt, die jungen aber hatten nicht so recht daran glauben können.

Jetzt sahen sie ihn.

Jetzt spürten sie ihn.

Sie öffneten die Schnäbel und schmeckten das Leichte, Weiße, Kalte.

Sie spürten, wie sich der Boden anfühlte, ganz anders als im Sommer und im Herbst. Sie flogen und krächzten durcheinander und flatterten hin und her.

Kah flog ein Stück beiseite.

Sie konnte den Schnabel nicht halten bei so viel Weißem, Glitzerndem.

Weit hinter dem Acker lag ein Blätterhaufen, der war weiß überschneit.

Kah landete auf dem Blätterhaufen. Sie fand keinen Halt, sie rutschte, rutschte, schrie auf vor Schreck, rutschte weiter, blieb liegen.

Kah rappelte sich auf, schüttelte sich, drehte den Kopf hierhin, drehte ihn dorthin, und hopste, stakste, flatterte wieder hinauf.

Jetzt rutschte sie nicht gleich, jetzt musste sie mit den Flügeln anschieben, aber dann rutschte sie, rutschte, schrie, aber nicht vor

47

Schreck, rutschte, landete.

Kah hatte das Krähenrodeln erfunden.

Sie rodelte und rodelte und krächzte ihre Freunde in die schneegetupfte Luft.

Kahs Eltern kamen angeflogen, so schnell sie konnten.

Kahs Vater krächzte laut, Kahs Mutter krächzte laut, und das hieß: „Wer unserem Kind etwas tut, der bekommt es mit uns zu tun!"

Als sie Kah sahen, landeten sie blitzschnell neben ihr – und rodelten gleich mit, aber nur einmal, weil sie doch Kräheneltern waren und der ganze Schwarm nachkam und zuguckte.

Die jungen Krähen aber rodelten, bis sie die letzte Schneeflocke vom Blätterhaufen abgerodelt hatten.

Vor lauter Aufregung über das neue Spiel

vergaßen sie, Kah den Schnabel zu verbieten.

Kahs Mutter meinte, sie hätte Kah beim Rodeln ganz deutlich „Krah!" sagen hören.

Jetzt hofft sie auf das nächste R von Kah.

Die jungen Krähen aber hoffen auf den nächsten Schnee.

Der kleine Elefant und der Mond

Der kleine Elefant trampelte hinter den
Elefantentanten durch den Urwald.
Es war schon dunkel, aber das machte ihm
nichts. Wenn es ringsum raschelte und knisterte, hielt er sich an einem Tantenschwanz
fest. Angst hatte er nur vorm Schwimmen.
  Sie kamen zum Fluss. Ein leiser Wind
wehte über das Wasser.

Der kleine Elefant trank und duschte und spritzte die Elefantentanten an. Aber er passte genau auf, dass er nicht weiter als bis zu den Knien ins Wasser ging.

Plötzlich sah er hinter den Bäumen am anderen Ufer eine runde rote Scheibe am Himmel.

Das war der Mond.

Der kleine Elefant sah ihn an und fand ihn schön.

Er stand ganz still und guckte, bis sein Herz so rund und rot und voll war wie der Mond.

Der kleine Elefant streckte seinen Rüssel
nach ihm aus.

„Ich will dich haben", trompetete er.

Aber der Mond war viel zu weit weg. Der
kleine Elefant konnte ihn nicht erreichen.

Auch die größte Elefantentante mit dem
längsten Rüssel hätte ihn nicht erreichen
können.

Der kleine Elefant ließ den Kopf hängen.

Da sah er eine glitzernde Straße im Fluss und tief unten, am Ende der Straße lag der Mond!

Der kleine Elefant erschrak.

War der Mond ins Wasser gefallen? Und hatte er nicht einmal geplatscht?

Der kleine Elefant blickte hoch.

Der Mond stand immer noch über den dunklen Bäumen am anderen Ufer.

Es gab also zwei: einen Himmelsmond und einen Wassermond.

Der Wind wurde stärker und machte Wellen.

Der Wassermond zerrann.

„Ich hol dich raus!", trompetete der kleine Elefant und stapfte in den Fluss.

Plötzlich riss ihm die Strömung die Beine hoch. Er konnte nicht mehr stehen.
Sein Mund war voll Wasser.

Er prustete, er strampelte, er ruderte – er schwamm!

Er tauchte seinen Rüssel tief ins Wasser, aber den Mond konnte er nicht erwischen.

Der kleine Elefant sah sich um.

Das Ufer war weit weg.

Sehr weit weg.

Vor Schreck vergaß er zu schwimmen
und bekam den ganzen Rüssel voll Wasser.

Da hörte er ein Plätschern neben sich.

„Seit wann kannst du schwimmen?", fragte
eine Elefantentante.

„Der Mond rinnt aus", erklärte der kleine
Elefant. „Ich wollte ihn haben."

„Der rinnt nicht aus", sagte die Elefantentante. „Und man kann ihn nicht haben."

Sie stupste den kleinen Elefanten in die
richtige Richtung, und sie schwammen auf
der glitzernden Mondstraße zum Ufer.

Der Wassermond war genauso weit weg
wie der Himmelsmond.

Man konnte ihn nicht anfassen.

Man konnte ihn nur angucken.

Die Elefantentante stieg aus dem Fluss und
zog den kleinen Elefanten heraus.

Sie blies ihm mit dem Rüssel die Wasser-
tropfen ab. Dann blies sie weiter, bis er
richtig trocken war. Und dann blies sie noch
ein bisschen weiter, nur so.

„Sei nicht traurig, dass du den Mond nicht
hast", sagte sie. „Dafür hast du jetzt etwas
anderes. Du hast gelernt, wie man schwimmt.
Und das ist für kleine Elefanten genauso
wichtig wie der Mond."

Ein blauer Schmetterling

Das kleine Lamm wurde auf einer Bergwiese geboren, viel zu spät im Jahr.

Ringsum blühte blauer Enzian.

Später meinte seine Mutter, dass der

Enzian schuld sein musste. Denn in ihrer Familie hatte es so etwas noch nie gegeben.

Anfangs tat das kleine Lamm, was alle kleinen Lämmer tun: Es trank. Es schlief. Es stakste hinter seiner Mutter her. Es rieb seinen kleinen Kopf an ihrer Flanke.

Es versuchte an den Ohren der anderen Lämmer zu nuckeln, wenn die Mutter einmal nicht in der Nähe war.

Es lief über die Wiese und wälzte sich im duftenden Gras.

Eines Tages aber blickte das kleine Lamm auf und sah einen blauen Schmetterling. Der saß auf einer gelben Blume.

Das kleine Lamm schaute und schaute.

Plötzlich öffnete sich sein weiches Maul ganz von allein, und es fing an zu blöken.

Der blaue Schmetterling klappte seine Flügel auf und zu.

„Du bist schön", blökte das kleine Lamm.

„Ich weiß", lispelte der Schmetterling.

„Willst du mit mir spielen?", blökte das kleine Lamm.

„Wie stellst du dir das vor?", lispelte der Schmetterling. „Willst du mit mir von Blüte zu Blüte fliegen? Willst du mit mir auf einem Grashalm schaukeln? Willst du dich mit mir vom Wind tragen lassen?"

„O ja, das möchte ich", blökte das kleine Lamm.

Der Schmetterling fing an zu kichern, dass seine zarten Fühler zitterten.

„Das kannst du nicht. Nie!"

„Ich will es lernen", blökte das kleine Lamm.

Der Schmetterling lachte so sehr, dass er von der Blüte fiel. Er flog dem kleinen Lamm vor die Nase.

„Kleiner Schafskopf! Wer hat je von einem fliegenden Lamm gehört!"

Das kleine Lamm ließ den Kopf hängen.

Ein trauriges Blöken drang so laut aus seinem Maul, dass das kleine Lamm vor Schreck zurücksprang und das Mutterschaf angetrabt kam.

Der Schmetterling flog weg.

„Mama, ich will fliegen lernen", blökte das kleine Lamm.

„Schafe fliegen nicht", blökte seine Mutter. „Schafe laufen und springen und hüpfen. Aber sie fliegen nicht."

„Warum nicht?", blökte das kleine Lamm.

Seine Mutter war so verwirrt, dass sie eine Distel ins Maul nahm.

Sie spuckte, dann blökte sie ärgerlich: „Weil es sich nicht schickt. Darum!"

Sie wollte nichts mehr von diesem Unfug hören.

Das kleine Lamm aber dachte jeden Tag an den Schmetterling.

Nachts träumte es von ihm.

Es beobachtete die Vögel auf der Wiese.

Wenn seine Mutter nicht in der Nähe war, bemühte es sich die Vögel nachzuahmen.

Es versuchte mit den Vorderbeinen zu flattern.

Dabei fiel es auf die Nase.

Die Mutter kam angetrabt.

„Ach, Kleiner", blökte sie. „So ernst ist es?"

Das kleine Lamm kuschelte sich an sie und nickte in ihren Bauch.

Sie stupste ihn tröstend mit dem Kopf an.

„Trink ein bisschen. Milch ist gut gegen Herzweh."

Das kleine Lamm nuckelte und trank. Aber

seine Traurigkeit wurde davon nicht kleiner.

Alle blauen Enziane auf der Wiese erinnerten das kleine Lamm an den Schmetterling und machten ihm das Herz schwer.

Ärgerlich fraß das Mutterschaf Enzianblüte um Enzianblüte ab. Dabei schmeckten ihr die Enzianblüten überhaupt nicht.

Eines Tages blickte das kleine Lamm in die Höhe.

„Schau, Mama", blökte es aufgeregt, „da oben im Himmel fliegt ein Lamm!"

„Das ist nur eine Lämmchenwolke", blökte das Mutterschaf. „Kein richtiges echtes Lamm."

Sie machte sich große Sorgen um ihr Kind.

Wenn das so weiterging, würde nie ein anständiges Schaf aus ihm werden.

Die anderen Mutterschafe begannen schon zu tuscheln.

„Wie ist das überhaupt mit dem Liebhaben?", fragte das kleine Lamm.

Das war eine schwierige Frage für seine Mutter.

Sie rupfte einen Kleestängel um den anderen ab.

Dann blökte sie: „Das Liebhaben kommt davon, dass man etwas tut für den, den man lieb hat. Und noch ein bisschen mehr."

Sie rupfte noch ein paar Kleeblätter ab.

„Nein", blökte sie dann. „Es ist noch viel mehr, aber erklären kann ich's dir nicht."

Das kleine Lamm fragte alle Tiere auf der Bergwiese, aber die konnten ihm auch nicht erklären, wie das mit dem Liebhaben ist.

„Es ist ganz einfach", jubelte das Rotkehlchen. „Es ist nämlich gar nicht einfach. Verstehst du?"

„Nein", blökte das kleine Lamm.

Ein paar Tage später kam der blaue
Schmetterling wieder auf die Bergwiese.
Er flog dem kleinen Lamm vor der Nase hin
und her.

„Hast du's schon gelernt?", lispelte er.

„Nein", blökte das kleine Lamm traurig.

„Fang mich doch!", lispelte der Schmetterling.

Das kleine Lamm hüpfte hin und her,
bis es schrecklich müde war.

Plötzlich kam ein Regenguss.

Alle Schafe drängten sich aneinander.

„O weh, meine armen Flügel!", jammerte
der Schmetterling.

„Häng dich unter meinen Bauch!", blökte
das kleine Lamm. „Da bleibst du schön
trocken."

Der Schmetterling hängte sich an das
weiche Fell des kleinen Lamms.

Das kleine Lamm stand völlig still im Regen.

Sein Herz schlug laut und glücklich.

Es konnte seinen Schmetterling
beschützen.

Der Regenguss hörte so plötzlich auf, wie
er begonnen hatte.

Der Schmetterling flog eine Runde.
Er setzte sich dem kleinen Lamm auf die
Nase und ordnete seine Flügel.

„Danke!", lispelte er. „Vielen, vielen Dank.
Ich glaube, du hast mir das Leben gerettet."

Das kleine Lamm wurde so froh, dass es
ein paar wilde Sprünge machen musste.

„Willst du noch mein Freund sein?", fragte
der Schmetterling. „Obwohl ich so eklig war
zu dir?"

„Natürlich!", blökte das kleine Lamm.
„Natürlich will ich!"

Seither kommt der blaue Schmetterling

fast jeden Tag auf die Bergwiese und besucht das kleine Lamm.

Wenn du ein kleines Lamm mit einem blauen Schmetterling auf dem weißen Wuschelkopf siehst, dann weißt du, dass es dieses kleine Lamm ist.

Und das Mutterschaf hofft jetzt wieder, dass aus ihrem Lämmchen doch noch ein ordentliches Schaf wird.

Haptschi, Pinguin

Die Pinguinmutter ging mit ihren beiden
Kindern spazieren. Es waren hübsche Kinder
mit weißen Westen und schwarzen Fräcken.

Die Pinguinmutter watschelte stolz daher und
nickte nach rechts und links und nach rechts.

„Nette Kinder hast du", sagten die anderen
Pinguinfrauen. „Wirklich nette Kinder."

Der Wind pfiff eisig von Süden her.

„Herrlich", sagte die Pinguinmutter.

„Herrlich", sagte Pingo.

Pingi sagte nichts. Sie blieb stehen.

In ihr passierte etwas sehr Gefährliches.

Da war plötzlich ein Druck. Der Druck wurde immer stärker und stärker.

Gleich würde sie platzen!

Es krümmte sie zusammen, und dann gab es einen lauten Knall:

„Hap – tschi!"

Und noch einmal: „Hap – tschi!"

Ringsum stob Schnee auf.

Als er sich gelegt hatte, fragte die Pinguinmutter: „Was war denn das?"

„Ich war's nicht", sagte Pingo.

Pingi spürte ein Kitzeln im Schnabel und im Bauch.

Und dann passierte es wieder.

„Hap – tschi! Hap – tschi!"

Von allen Seiten kamen Pinguine ange-
watschelt.

Sie blieben im Kreis rund um Pingi stehen.

Sie schlugen aufgeregt mit den Flügeln und
schnatterten laut.

„Ich war's nicht!", heulte Pingo.

„Das Kind hat sich sicher erhitzt", sagte
eine alte Pinguinfrau. „Wir müssen es in
Schnee packen zum Abkühlen. Schnell."

71

Die mutigeren unter den Pinguinmüttern nahmen Schnee in ihre Schnäbel und watschelten auf Pingi zu.

Pingi stand da und zitterte.

So schnell sie konnten, packten die Pinguinfrauen Pingi in Schnee ein.

Sie klopften den Schnee mit ihren Flügeln fest. Dann traten sie zurück.

„Gleich wird es besser sein", schnatterten sie.

Aber da krümmte sich Pingi wieder und nieste noch lauter als zuvor.

Der Schnee flog in alle Himmelsrichtungen und landete auf den Schnäbeln und in den Augen der Pinguine.

Die Pinguinmutter holte neuen Schnee, so schnell sie konnte.

Manche Pinguinfrauen halfen ihr.

Manche aber schnatterten leise: „Das ist nicht normal."

Sie watschelten schnell mit ihren Kindern davon.

Pingis Schnabel klapperte auf und zu.

„Mir ist nicht heiß", stotterte sie. „Mir ist kalt."

„Das sagen die Kinder immer, das kennen wir", versuchten die Pinguinfrauen die Pinguinmutter zu trösten.

„Ein schönes Eisbad!", schnatterte eine alte Pinguinfrau. „Dann geht es ihr gleich wieder gut."

Aber es wurde nicht besser.

Nach dem Eisbad schnapperte Pingi und nieste, dass der Schnee nur so wirbelte.

Jetzt trieben auch die letzten Pinguinmütter ihre Kinder weg.

Sie hatten Angst, ihre Kinder könnten auch so merkwürdig werden.

Am Tag darauf fand Pingi unter einem Schneehaufen einen alten Schal.

Sie wickelte sich hinein.

Einen Tag später fand sie auch noch eine Pudelmütze am Strand.

Sie setzte sie auf.

Die Mutter schämte sich ganz schrecklich.

Es ließ sich nicht leugnen: Pingi war aus der Art geschlagen.

Sie fror.

Wenn die anderen Pinguine in der klirrenden Kälte jauchzten, versteckte sich Pingi in einem tiefen Loch. Das hatte sie selbst in den Schnee gebuddelt.

Wenn der Wind pfiff, wurde sie vom Niesen geschüttelt.

Anfangs sagte die Mutter noch streng: „Bitte, Pingi, benimm dich!"

Aber bald merkte sie, dass es keinen Sinn hatte.

Pingi sehnte sich nach Sonne und Wärme.

Sie merkte, dass die Mutter unglücklich war.

Sie merkte, dass die anderen Pinguinmütter
ihre Kinder nicht mehr mit Pingo spielen
ließen. Obwohl er der beste Taucher und der
beste Fischefänger unter den Pinguinjungen
war. Und obwohl er nie nieste.
Eines Nachts beschloss Pingi, in die weite
Welt zu gehen und die Sonne zu suchen.

Sie machte sich auf den Weg.

Über Schneefelder und über Eishügel watschelte sie und nieste die ganze Zeit.

Bis sie endlich in wärmere Gegenden kam.

Als die Sonne Pingis Federn wärmte, hörte sie auf zu niesen.

Als sie die ersten bunten Farben sah, bekam sie Schluckauf vor Freude.

Sie watschelte von einer Blume zur anderen und vergaß ganz, wie weh ihre Füße taten.

Schließlich kam Pingi
in einen großen Wald und traf einen Papagei.
Der Papagei fand Pingi ungeheuer vornehm
in ihrem schwarzen Frack mit der weißen
Weste.

Pingi lebt immer noch in
dem großen Wald.
Ab und zu schickt sie
ihrer Mutter
und ihrem Bruder eine
bunte Blume.
Ab und zu schicken
sie ihr einen schönen
Eiszapfen.

Aber der ist natürlich immer längst geschmolzen, bevor er ankommt.

Pingi ist meistens ziemlich glücklich in dem warmen bunten Wald.

Nur ab und zu hat sie Heimweh und träumt von den vielen Pinguinen in der klirrenden Kälte.

Aber dann wacht sie jedes Mal niesend und zitternd auf.

Ein Meter zwanzig Halsweh

Die Giraffe hatte Halsweh.

Sie jammerte vor sich hin:

„Mein Hals tut so weh."

„Ich hab auch Halsweh", schnaubte das
Nilpferd.

Die Giraffe hüstelte.

„Schau dich doch an. Du hast kaum einen
Hals. Wie sollst du da Halsweh haben?"

„Aber ich spür's", schnaubte das Nilpferd.
„Da, zwischen Kopf und Schulter. Das sind
Halsweh."

Die Giraffe hüstelte noch einmal.

„Wenn du Bauchweh hättest,
darüber könnte man reden."

Sie drehte ihren langen Hals hin und her.

„Das ist ein Hals", erklärte sie.
„Und das sind Halsweh."

Sie stolzierte davon.

Das Nilpferd blickte ihr nach.

Sein Hals war kurz, das stimmte.
Aber weh tat er trotzdem.

Die Giraffe traf einen Elefanten.

„Mein Hals tut so weh", jammerte sie.

„Ich hab auch Halsweh", trompetete der
Elefant.

Wieder hüstelte die Giraffe.

„Wie sollst du Halsweh haben? Bei deinem
Hals? Ja, wenn du Rüsselweh hättest,
darüber könnte man reden."

Die Giraffe tänzelte davon.

Der Elefant streckte den Rüssel in die Luft
und trompetete seinen Ärger über die Steppe.

Die Giraffe kam zum Affenbrotbaum.

Auf dem untersten Zweig saß ein Affe.
Der hatte sie schon die ganze Zeit
beobachtet und hatte alles mitgehört.

„Mein Hals tut so weh", jammerte die
Giraffe.

Der Affe schaukelte an einer Hand.

„Du Ärmste. Zwei Meter Halsweh. Wie schrecklich."

Die Giraffe nickte. Sie hatte zwar nur einen Meter zwanzig Halsweh, aber das Mitgefühl des Affen tat ihr wohl.

„Du müsstest deinen Hals verkürzen", schnatterte der Affe. „Mach einen Knoten hinein, dann hast du nur noch halb so viel Halsweh."

Die Giraffe dachte nach.

Der Vorschlag schien ihr sehr vernünftig.

„Wie knote ich mich?", fragte sie.

Der Affe hüpfte von einem Ast zum anderen.

„Schau mir nach", schnatterte er. „Du darfst mich nicht einen Moment aus den Augen verlieren."

Beim ersten und zweiten Mal klappte es nicht.

Beim dritten Mal aber verknotete die

Giraffe ihren Hals,
während der Affe auf
dem Baum herumturnte.
Als sie ihren Kopf
durch die Schlinge
steckte, sprang der
Affe mit einem Satz
vom Baum.

Die Giraffe blickt nach und zog den Knoten fest.

„Na?", fragte der Affe.

Der Elefant und das Nilpferd kamen angetrabt.

„Na?", fragte der Elefant.

„Na?", fragte das Nilpferd. „Hast du nur noch halbe Halsschmerzen?"

Die Giraffe stöhnte. „Doppelte."

„Es kommt nicht auf die Länge an", kicherte der Affe.

Er schaukelte hin und her und lachte.

Die Giraffe scharrte mit ihren kleinen Hufen, dass der Staub aufwirbelte. Sie bemühte sich, ihren Hals zu entknoten.

Dabei zog sie den Knoten immer noch fester zu.

„Sie kriegt keine Luft mehr", schnaubte das Nilpferd.

„Wir müssen ihr helfen!", trompetete der Elefant.

Er versuchte den Knoten mit seinem Rüssel zu lockern.

Aber das gelang nicht.

Die Giraffe schlug wild um sich.

„Du Blödaffe", schnaubte das Nilpferd den Affen an. „Siehst du, was du angestellt hast?"

Der Affe schaute sehr schuldbewusst.

Er bemühte sich, den Knoten zu lösen. Aber es gelang ihm nicht.

„Was sollen wir bloß tun?", schnaubte das Nilpferd, trompetete der Elefant, schnatterte der Affe.

Die Giraffe sagte gar nichts mehr.

Sie stöhnte nur noch leise.

Da kam eine Maus angewuselt.

Sie fiepte: „Was ist denn hier los? Kann ich irgendwie helfen?"

„Du?", fragten die großen Tiere.

„Wie willst du denn helfen, wenn nicht einmal wir es können – groß wie wir sind?"

Die Maus betrachtete den Knoten.

Sie wuselte den Giraffenhals hinauf, wuselte in den Knoten hinein.

Ihre winzigen Füße kitzelten so sehr, dass die Giraffe wieder wild mit den Hufen schlug.

„Hier, anziehen!", fiepte die Maus.

Der Elefant zog mit seinem Rüssel an.

Das Nilpferd stemmte sich mit seinem ganzen großen Bauch hinter den Elefanten, damit er nicht umfiel.

„Runter!", fiepte die Maus.

„Und jetzt hinauf!"

Der Affe hüpfte aufgeregt hin und her.

„Das wollte ich doch nicht", schnatterte er die ganze Zeit.

Gemeinsam schafften sie es – Maus, Elefant und Nilpferd – den Giraffenhals zu entknoten.

Aber dann lag die Giraffe da und rührte sich nicht.

Der Elefant trabte zum nächsten Wasserloch, nahm einen ganzen Rüssel voll Wasser und spritzte es über die Giraffe.

Jetzt schlug sie die Augen auf.

Der Affe sauste vor Freude auf eine hohe Kokospalme.

Er schaukelte wild hin und her und schnatterte laut:

„Sie haben es geschafft! Sie haben es geschafft!"

Bei dem wilden Schaukeln fiel eine Kokosnuss herunter.

Die Kokosnuss rollte dem Nilpferd vor die Füße.

„Was soll der Unsinn?", grunzte das Nilpferd und trat mit dem Fuß nach der Kokosnuss.

Die Kokosnuss rollte dem Elefanten vor die Füße.

„Was soll der Unsinn?", trompetete er.

Aber dann fanden sie es lustig, die Kokosnuss hin und her zu rollen.

Der Affe kletterte von der Kokospalme und spielte mit.

Die Giraffe kickte zuerst nur im Liegen, doch dann stand sie auf und spielte auch Fußball.

Die Maus aber saß hoch oben auf dem Giraffenkopf.

„Einer muss ja aufpassen", fiepte sie. „Wenn man euch Große allein lässt, kann ja wer weiß was passieren."

SCHNECKENKIND

Du hast jetzt das ganze Buch gelesen und kannst sicher
in diesen 12 Sätzen die Wörter in den Lücken ergänzen.
Setze sie in die richtigen Zeilen des Kreuzworträtsels ein:

LESERÄTSEL

1. Die jungen Krähen sehen zum ersten Mal …
2. Der Affe will, dass die Giraffe einen … in ihren Hals macht.
3. Pingi geht in die weite Welt, um die … zu suchen.
4. In der Kälte muss Pingi …
5. Die Giraffe hat …
6. Pingi ist ein …
7. Das kleine Lamm und der Schmetterling sind …
8. Die schönsten Bananen bekommt der …
9. Der kleine Elefant möchte den … haben.
10. Die kleine Schnecke heißt …
11. Der Schnullerfisch ist ein …
12. Das kleine Lamm möchte mit dem … spielen.

Im senkrechten blauen Balken steht das Lösungswort:

… was der kleine grüne Frosch ist.

Die Autorin

Renate Welsh

Renate Welsh wurde am 22.12.1937 in Wien geboren. Während ihrer Schulzeit bekam sie ein Stipendium, mit dem sie ein Jahr lang als Austauschstudentin nach Portland, Oregon, ging. Nach der Matura in Wien studierte sie hier Englisch, Spanisch und Staatswissenschaften, brach das Studium jedoch nach kurzer Zeit ab und heiratete. Sie arbeitete freiberuflich als Übersetzerin.

Renate Welsh schreibt seit 1970 Kinder- und Jugendbücher, die mehrfach ausgezeichnet wurden.

Die Autorin lebt in Wien. Am 26.5.1992 wurde Frau Welsh der Österreichische Würdigungspreis für ihr Gesamtwerk sowie der Berufstitel „Professorin" verliehen und im Jahr 2016 der Preis der Stadt Wien.